ABCD DES PETITS Garçons

PELLERIN & Cie à ÉPINAL

(1)

Lettres majuscules.

A B C D E
F G H I J K
L M N O P
Q R S T U
V W X Y Z

L'ENFANT PIEUX.

On reconnait tout de suite un enfant bien élevé et sans défauts. — Il suffit de regarder Charles pour savoir qu'il est de ce nombre. — Voyez-le sortir de l'Eglise et prendre de l'eau bénite; comme sa tenue est modeste et comme il a l'air raisonnable; on n'a pas besoin de l'examiner à deux fois pour reconnaître en lui un bon sujet aussi docile qu'affectueux et sage.

(3)
Lettres minuscules.

a b c d e f g
h i j k l m n
o p q r s t u
v x y z.

Chiffres majuscules.

1 2 3 4 5 6 7 8 9

Chiffres romains

I II III IV V VI VII VIII IX

L'ENFANT BRUTAL.

Ah Georges, méchant Georges, vous maltraitez ce pauvre Médor; qu'avait il fait pour mériter cette correction? il n'avait pas voulu obéir à vos caprices. — Si l'on vous battait chaque fois que vous refusez d'obéir, votre peau serait bientôt noire. — Comme votre conduite révèle un mauvais cœur, on va prendre le fouet, dont vous vous servez si bien, et vous en appliquer une vingtaine de coups.

(5)

Lettres anglaises majuscules.

A B C D E F G
H I J K L M N
O P Q R S T U
V X Y Z.

Lettres anglaises minuscules.

a b c d e f g h i j
k l m n o p q r s
t u v x y z.

Chiffres arabes.

1 2 3 4 5 6 7 8 9 0.

LA MALPROPRETÉ.

On punira aussi ce paresseux, ce nonchalant Edmond. — Il ne sait comment utiliser le temps qu'il dérobe à l'étude; au lieu d'apprendre sa leçon, il déchire ses livres; ne sachant plus que faire, il se traîne sur le plancher et se gratte la tête comme font tous les désœuvrés. — Pour lui donner du courage, on lui fera tourner la roue chez un cordier à la place du chien moustapha.

Lettres rondes majuscules

A B C D E F G
H I J K L M
N O P Q R S
T U V X Y Z

Lettres rondes minuscules.

a b c d e f g h i j k
l m n o p q r s t
u v x y z

Chiffres en ronde.

1 2 3 4 5 6 7 8 9 0

L'ENFANT CHARITABLE.

Ce n'est pas comme alfred, — le voilà ce gentil enfant; il est studieux, poli et possède un cœur d'or. — Il ne rencontre jamais un malheureux sans être touché de sa peine. — Tenez, regardez-le en ce moment: le voilà qui donne la moitié de son goûter à un pauvre petit mendiant; c'est très-bien agir, Alfred, ta conduite sera récompensée.

Voyelles simples.

A E E E I O U Y

Voyelles composées.

EU OU AN IN ON UN

Diphthongues.

ié ia io iou ian ion iai
ien ieu iau oui uin oin oué

Exercice sur les E.

L'È ouvert se prononce comme AI.

bè cè dè fè gè kè lè mè nè pè què rè sè tè

prononcez :

bai çai dai fai gai kai lai mai naï pai quai rai sai tai

L'E muet se prononce EU.

be ce de fe ge ke le me ne pe que re se te

prononcez :

beu çeu deu feu geu keu leu meu neu peu queu reu seu teu

L'É fermé se prononce comme dans ÉTÉ.

bé cé dé fé gé ké lé mé né pé qué ré sé té

M. TOUCHE A TOUT.

Quand les enfants n'écoutent pas leurs parents ils le payent toujours cher. — Armand, malgré la défense de son papa, a voulu remonter la Pendule. — Le grand ressort s'est cassé sous la main de touche à tout; Armand effrayé s'est accroché à la pendule et la pendule s'est renversée sur lui : on dit que le désobéissant a la tête fendue et deux dents hors de la bouche.

SYLLABES.

ba	be	bi	bo	bu	ab	eb	ib	ob	ub
ca	ce	ci	co	cu	ac	ec	ic	oc	uc
da	de	di	do	du	ad	ed	id		
fa	fe	fi	fo	fu	af	ef			
ga	ge	gi	go	gu	ag	eg			
ha	he	hi	ho	hu	ah	eh	ih		
ja	je	ji	jo	ju	aj	ej	ij		uj
ka	ke	ki	ko	ku	ak	ek	ik		uk
la	le	li	lo	lu	al	el	il		ul
ma	me	mi	mo	mu	am	em	im	om	
na	ne	ni	no	nu	an	en	in	on	
pa	pe	pi	po	pu	ap	ep	ip	op	
qua	que	qui	quo	qu	aq	eq	iq	oq	
ra	re	ri	ro	ru	ar	er	ir	or	
sa	se	si	so	su	as	es	is	os	u
ta	te	ti	to	tu	at	et	it	ot	ut
va	ve	vi	vo	vu	av	ev	iv	ov	uv
xa	xe	xi	xo	xu	ax	ex	ix	ox	ux
za	ze	zi	zo	zu	az	ez	iz	oz	uz

LE PETIT IMPRUDENT,

Un malheur plus terrible encore est arrivé à Paulin, autre touche à tout. — Ses parents lui avaient dit plus de cent fois de ne jamais jouer avec le feu; le petit garçon oubliant la défense, s'est amusé à faire éclater des allumettes chimiques, et le feu s'est communiqué à ses vêtements : au secours! au secours! Paulin brûle! sauvez-le, il n'y fera plus.

EXERCICE SUR LA PRONONCIATION.

bra bre bri bro bru	bla ble bli blo blu
dra dre dri dro dru	dla dle dli dlo dlu
cra cre cri cro cru	fla fle fli flo flu
fra fre fri fro fru	cla clé cli clo clu
gra gre gri gro gru	gla gle gli glo glu
pra pre pri pro pru	pla ple pli plo plu
sra sré sri sro sru	sla sle sli slo slu
tra tré tri tro tru	tla tle tli tlo tlu
vra vre vri vro vru	vla vle vli vlo vlu
zra zré zri zro zru	zla zle zli zlo zlu

gna gne gni gno gnu

bia bie bio biu	mia mie mio miu
cia cie cio ciu	nia nie nio niu
dia die dio diu	pia pié pio piu
fia fie fio fiu	quia quié quio
gia gie gio giu	ria rie rio riu
hia hié hio hiu	sia sie sio siu
jia jie jio jiu	tia tie tio tiu
kia kie kio kiu	via vié vio viu
lia lié lio liu	zia zie zio ziu

L'AFFREUX GRIMACIER

C'est bien joli ce que vous faites là, monsieur Jacques, — le miroir doit vous dire que vous êtes le plus affreux petit garçon du pays. — A quoi sert-il de faire des grimaces, je vous le demande? si jamais vous alliez garder cette vilaine figure, vous seriez bien attrapé; prenez garde, ce malheur pourrait bien vous arriver; je connais plus d'un enfant qui a été puni de cette manière: prenez garde.

EXERCICE SUR LES SONS
mots d'une syllabe.

SONS PLEINS.

lac, geai, rail, bain, clair, mal, franc, char, cap, las, gras, miel, fât, reps, mer, mets, cerf, chef, lieu, jeu, nil, fuir, lis, job, christ, roc, noix, clou, point, pal, deuil, jet, vœu, fleur, vin, pied, nul, un, mur, turc, sus, busc, vol, prompt, cor, blé, mot, nain, île, eau, gers, mai, main, feu, joug, toul, pain, cour, fox, gros, arc, legs, foi, sel, mont, bal, chat, soir, beau, soin, don, bœuf.

LE PETIT VANITEUX.

Ran tan plan, ran tan plan ! garde à vous, soldats, portez armes ! en avant marche ! Gustave est général; il commande, on doit lui obéir. — Mais, s'il ne se conduit pas bien, on lui retirera son grand sabre et son chapeau à cornes. — A l'assaut, jeunes soldats ! enlevez à la bayonnette la redoute ennemie. — Battez la charge : ran tan plan. — La victoire est à nous !

SUITE DE L'EXERCICE SUR LES SONS

mots à finale muette.

fable, perte, filtre, lièvre, vase,
poste, boite, tertre, crême, fée,
bible, joie, force, tube, sangle,
acte, faible, scribe, danse, rade,
zèbre, toile, gaffe, rose, prune,
libre, côte, âge, siècle, meuble,
neige, bagne, secte, lune, vie,
monde, chaise, terre, vice, gare,
nègre, messe, tige, genre, foie,
herse, encre, père, arme, poire,
poutre, halle, luxe, trace, ange,
bague, genre, plainte, femme,
chambre, geste, mâle, cendre,
branche, marbre, alpes, valse.

PETITES PHRASES
sur les mots d'une syllabe.

Il pleut. J'ai faim. On vient. C'est lui. J'y vais. Quel temps. J'ai soif. Le jour luit. C'est du lait. Dieu est bon. Le sel gris. Le gril noir. J'ai froid aux pieds. On fait du bruit. Ce lard est gras. Les blés sont mûrs. Le plomb est très lourd. Ce gant me va bien. Ce Turc sait le grec. Les cerfs ont de beaux yeux. Au Cap il fait très chaud.

Le Joug est fait pour les bœufs.

On ne voit plus que ciel et mer.

Le Chat est prompt mais le Rat est vif.

Les Yacks ont de très longs poils sur la peau.

On a la paix du cœur quand on suit la loi du Christ.

LA COLÈRE.

Quel tapage! quel bruit! un malheur est-il arrivé? non, c'est tout simplement monsieur Ferdinand qui se met en colère. — Il brise ses jouets, déchire ses habits et pousse des hurlements semblables à ceux des loups. — Sauvez-vous, la bête féroce est déchainée. — Prenez garde, elle va vous mordre : Attends, attends, petit furieux, on va te jeter un seau d'eau sur la tête et t'attacher avec des cordes.

SYLLABAIRE.

Exercice sur les sons.

MOTS DE DEUX SYLLABES.

A

ba-ba, da-da, ga-la, har-nais, co-rail, é-mail, tra-vail, ta-bac, é-clair, lé-zard, ba-vard, a-tlas, ru-ban, vol-can, vi-lain, bo-cal,

E

par-lé, con-seil, cer-feuil, cas-tel, a-vec, so-leil, blanc-bec, i-dem, hô-tel, ne-veu, cor-beau, ri-deau, a-grès, pro-cès, ab-bé, ex-près ho-chet cu-ré buf-fet, vo-leur,

I

mi-mi, a-mi, jo-li, vau-rien, an-cien, ba-ril, fu-sil, gen-til, ca-nif, oi-sif, ta-rif, rou-gir, ac-tif, i-bis, blon-din, ma-ïs.

LE PETIT DÉSOBÉISSANT.

On avait dit à Paul: tu n'iras pas dans le petit verger. — Paul avait bien promis de n'y pas aller; mais ce matin le désobéissant s'est glissé furtivement dans l'endroit défendu et le voilà pris dans un piége à loup. — Il restera là pendant toute la nuit et personne ne viendra le délivrer avant demain. — Ah si jamais les loups allaient arriver?

SUITE DES EXERCICES SUR LES SONS.

o

em-ploi, oc-troi, mou-choir,
bo-bo, zé-ro, ef-froi, co-co,
cha-mois, sour-nois, bon-jour,
bon-bon, vau-tour, dis-cours.

u

*poin-tu, ai-gu, té-tu, ca-duc,
ap-pui, en-nui, é-tui, cha-cun,
a-zur, fu-tur, obs-cur, o-bus,
ré-bus, sa-lut, dé-but, af-fût.*

MOTS DE TROIS SYLLABES.

ré-sé-da, o-dé-on, lu-cra-tif, do-mi-no,
os-se-let, é-tour-di, mo-dè-le, mer-cre-di,
ju-pi-ter, in-ci-vil, a-lam-bic, om-ni-bus,
na-ti-on, na-tu-re, ap-pa-reil, sau-va-ge.

L'ECOLE BUISSONNIÈRE

Courez après Victor : — Le voilà qui se sauve de l'école, entraînant dans sa fuite le petit Eugène qui ne pensait pas à mal faire. —Victor sera puni doublement.—C'est affreux de montrer le mauvais exemple à plus jeune que soi. — A quoi vont-ils passer le temps hors de l'école, ces petits polissons? ils feront sans doute de méchantes rencontres : tant pis pour eux.

MOTS DE TROIS SYLLABES.

*sou-ve-nir, tour-ne-vis, mer-ce-rie, vil-la-geois,
pa-ra-sol, va-ga-bond, cor-ri-dor, a-ma-dou,
car-re-four, é-blou-i, bis-cor-nu, a-que-duc,
om-ni-bus, au-tri-chien, cha-pe-let, gen-dar-me.*

MOTS DE QUATRE SYLLABES.

é-pou-van-tail, ca-va-le-rie, Jé-ru-sa-lem,
il-lu-si-on, pé-ti-ti-on, com-tem-po-rain,
en-tre-pre-neur, en-ve-ni-mer, dé-so-bé-ir,
ca-rac-tè-re, ca-bri-o-let, en-tre-te-nir.

ACCENTS.

Accent aigu,   Accent grave,   Accent circonflexe,   Trema.

L'accent aigu se met sur l'É fermé.

L'accent grave se met sur l'È ouvert et quelquefois sur l'A.

LE MENSONGE.

Etienne a d'abord commencé par cueillir des poires dans le jardin de l'école; le maître lui ayant demandé si c'était vrai, le petit garçon a nié effrontément. — Tout en parlant, le menteur a tiré son mouchoir et a laissé tomber une poire de sa poche. — Devant cette preuve irrécusable, Etienne, convaincu de vol et de mensonge, dût subir la punition honteuse que vous voyez.

L'accent circonflexe se met sur toutes les voyelles longues.

Le tréma se met sur les voyelles E I U pour les détacher d'autres voyelles.

EXEMPLE.

A
- dèjà.
- voïlà.
- là-haut.
- âme.
- pâtre.
- gâteau.
- châtiment.
- blâme.
- dégât.
- lâche
- pâte.
- château.

E
- scélérat.
- sénat.
- paré.
- procès.
- décès.
- succès.
- baptême.
- fête.
- arrêt.
- poële.
- noël.
- poëte.

I
- abîme.
- île.
- prît.
- cloître.
- paître.
- gîte.
- haïr.
- coïncider.
- Moïse.
- sinaï.
- naïf.
- aïeul.

O
- côte.
- ôter.
- rôle.

U
- jeûne.
- flûte.
- affût.
- Imaüs.
- Esaü.
- Saül.

LE POLTRON.

Accourez tous; venez voir et entendre M. Dodolphe, le poltron M. Dodolphe, qui se sauve et crie en voyant trottiner une souris par la chambre! voilà ce grand garçon qui fera un jour un fameux soldat. — Ôtez lui bien vite son pantalon et coiffez le d'un bonnet de fille. — S'il continue de la sorte, il lui poussera certainement des oreilles de lièvre.

SIGNES ORTHOGRAPHIQUES.

'	ҕ	—
Apostrophe.	Cédille.	Trait-d'union.

L'apostrophe sert à la suppression d'une voyelle et se place à gauche ou en haut de la lettre :
Exemple L'

La cédille sert a adoucir les sons et se met dessous la lettre C devant les voyelles A O U : Exemple Ç.

Le trait-d'union sert à lier les mots qui n'expriment qu'une seule idée et se place entre les mots.
Exemple —

EXEMPLE SUR L'APOSTROPHE.

L'homme, l'amitié, l'obscurité, l'enfant.

Sans l'apostrophe on serait obligé de dire :

Le homme, la amitié, la obscurité, etc.

EXEMPLE SUR LA CÉDILLE

Maçon, reçu, menaça, garçon, français.

EXEMPLE SUR LE TRAIT-D'UNION.

Peu-à-peu, corps-de-garde, chef-d'œuvre, tire-bouchon, couvre-pied, rez-de-chaussée.

L'ENFANT COURAGEUX.

Quelle différence avec Auguste : regardez ce cher petit homme, il défend bravement sa sœur contre un méchant chien qui veut la mordre. — La fière attitude de l'enfant courageux fait reculer la bête enragée. — Auguste est un brave petit garçon ; sa conduite est aussi estimable que celle de Dodolphe est honteuse. — Quand Auguste sera grand, il aura la croix d'honneur.

DE LA PONCTUATION.

La ponctuation sert à séparer les différents membres de phrases et indique ordinairement les repos que l'on doit observer en lisant.

La ponctuation est représentée par les signes suivants :

La virgule.	,
Le point virgule.	;
Le point.	.
Les deux points.	:
Le point d'exclamation.	!
Le point d'interrogation.	?
Le guillemet.	(»)
Le tiret.	—
Les points suspensifs.	....

LA BOUDERIE.

Voilà un petit garçon de la catégorie de M. Dodolphe. — Vous le connaissez tous : c'est Henry, le boudeur. — Parceque son camarade Jules lui a donné une pichenette sur le nez en sortant de classe, le voilà qui s'en va bouder à l'écart. — Boudes tant que tu voudras, Henry, on te laissera dans ton coin pour t'apprendre à réformer ton vilain caractère.

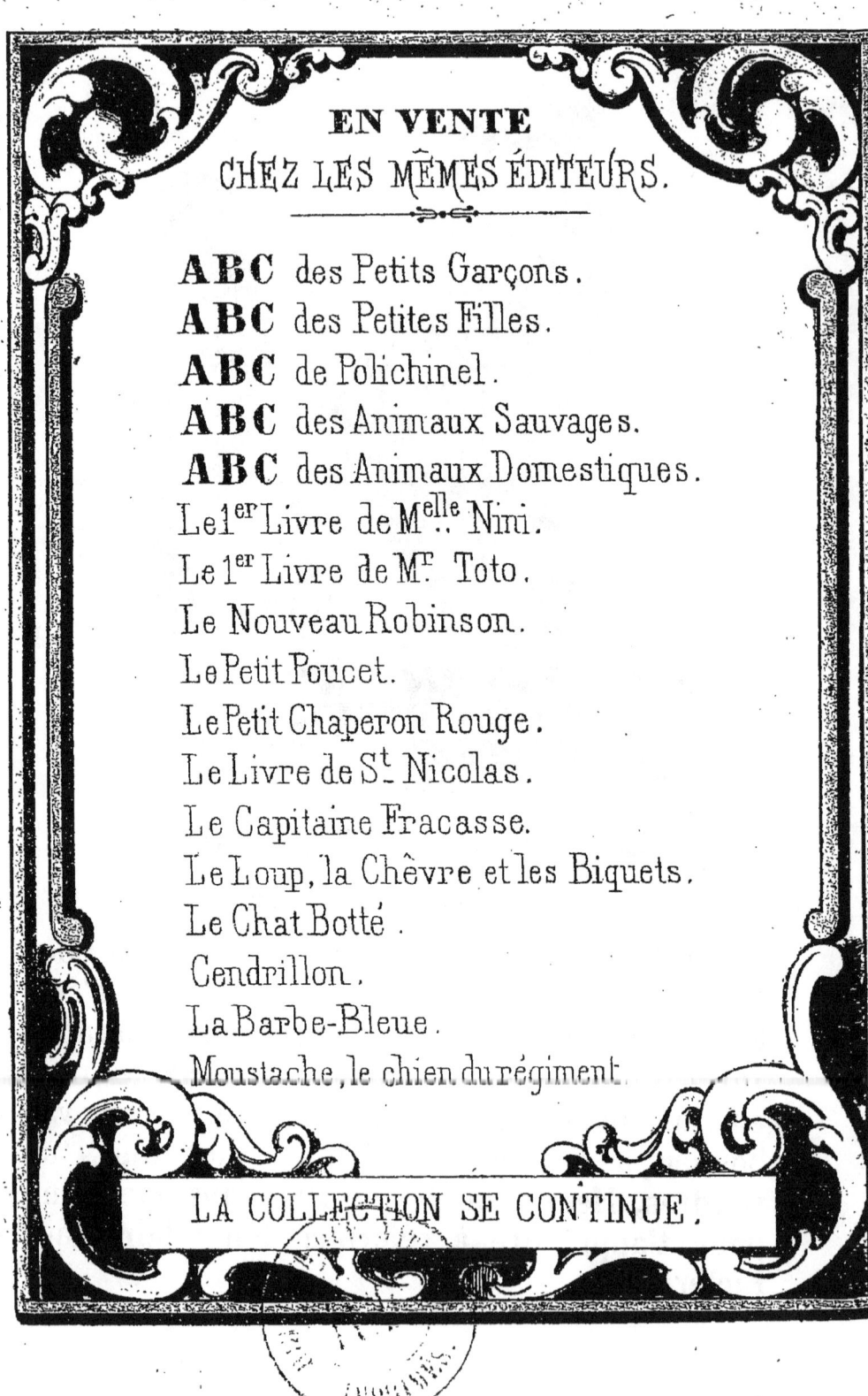

EN VENTE
CHEZ LES MÊMES ÉDITEURS.

ABC des Petits Garçons.
ABC des Petites Filles.
ABC de Polichinel.
ABC des Animaux Sauvages.
ABC des Animaux Domestiques.
Le 1er Livre de Melle Nini.
Le 1er Livre de Mr Toto.
Le Nouveau Robinson.
Le Petit Poucet.
Le Petit Chaperon Rouge.
Le Livre de St Nicolas.
Le Capitaine Fracasse.
Le Loup, la Chèvre et les Biquets.
Le Chat Botté.
Cendrillon.
La Barbe-Bleue.
Moustache, le chien du régiment.

LA COLLECTION SE CONTINUE.

www.ingramcontent.com/pod-product-compliance
Lightning Source LLC
Chambersburg PA
CBHW060904050426
42453CB00010B/1569